Inhalt

Das neue Qualitätsmanagement in der Entwicklung und Produktion

Kernthesen

Beitrag

Fallbeispiele

Weiterführende Literatur

Impressum

Das neue Qualitätsmanagement in der Entwicklung und Produktion

I.Zeilhofer-Ficker

Kernthesen

- Das moderne Qualitätsmanagement kann sich nicht mehr auf Produktqualität allein beschränken, da diese von den Kunden als selbstverständlich vorausgesetzt wird.
- Wichtige Grundlagen des neuen Qualitätsmanagements, gerade auch in der Entwicklung und Produktion, sind die Kunden- und Prozessorientierung.
- Von den verschiedenen QM-Verfahren wird die FMEA (Fehlermöglichkeits- und -

einflussanalyse) in den Entwicklungs- und Produktionsabteilungen am häufigsten angewandt.
- Die Zertifizierung nach einer branchen- oder industrieüblichen Qualitätsnorm ist häufig bereits Voraussetzung, um bei der Auftragsvergabe überhaupt berücksichtigt zu werden.
- Eine Zertifizierung setzt die Implementierung eines umfassenden Qualitätsmanagementsystems voraus.
- Die Arbeit mit QM-Systemen wird mit Hilfe der diversen CAQ-Programme (Computer Aided Quality) wesentlich vereinfacht.

Beitrag

Der Qualitätsbegriff in Deutschland

Produktqualität ist zum Hygienefaktor geworden

Der Ursprungshinweis "Made in Germany" galt viele Jahre rund um den Globus als das Zeichen für

Qualität schlechthin. Deutsche Produkte bürgten für Qualitätsarbeit, auch im globalen Wettbewerb ein wichtiger Vorteil für deutsche Produzenten.

Doch die Prioritäten haben sich verschoben. Die Qualität eines Produktes oder einer Dienstleistung wird mittlerweile als selbstverständlich vorausgesetzt und hat den Status eines Hygienefaktors erreicht. Insofern besitzt Qualität als Differenzierungsfaktor nur noch eine eher untergeordnete Rolle, jedoch legen Kunden heutzutage einen hohen Wert darauf, ob das Produkt exakt ihren Wünschen und Vorstellungen entspricht. (1)

Jeder Qualitätsmangel kann beim Kunden deshalb zu großem Ärger und Unmut führen. Um absolute Qualität sicherzustellen, sind die früher oft gebräuchlichen Stichprobenkontrollen oder die Funktionsprüfung bei der Endabnahme eines Produktes schon längst nicht mehr ausreichend. Die Wünsche und Vorstellungen der Kunden müssen schon bei der Entwicklung eines Produktes berücksichtigt, alle Wertschöpfungsprozesse auf ihre Effizienz und Effektivität überprüft werden. (1)

Sehr deutlich wurde das in den Lebensmittelskandalen der letzten Jahre, die in einer verschärften Gesetzgebung und umfangreichen Kontroll- und Dokumentationsvorschriften für die

Lebensmittelproduktion resultierten.

Umfassendes Qualitätsmanagement ist notwendig

Ein umfassendes, kunden- und prozessorientiertes Qualitätsmanagement ist daher notwendig, um im globalen Wettbewerb bestehen zu können. Das zeigt sich auch in der konsequenten Prozessorientierung aller relevanten Qualitätsnormen. Die Zertifizierung nach einer branchen- oder industrieüblichen Norm wird mittlerweile mit großer Selbstverständlichkeit von den Zulieferern der deutschen Industrie gefordert. (2)

Nur noch etwa 10 Prozent aller produzierenden Unternehmen arbeiten ohne Qualitätsmanagementsystem, zwei Drittel davon planen aber eine Einführung innerhalb der nächsten zwei Jahre. Trotzdem wurden bislang noch nicht die erwarteten, wirtschaftlichen Erfolge erzielt, die durch konsequentes Qualitätsmanagement erreichbar wären. Als Gründe dafür sieht man die unzulängliche, inkonsequente Umsetzung von QM in der Praxis. Oft werden Qualitätsmanagement-Maßnahmen, wie beispielsweise die Zertifizierung, als von außen gefordert und nicht notwendigerweise als vom Management und den Mitarbeitern gewollte Aktivitäten betrachtet. Neben zusätzlichem Arbeitsaufwand und Bürokratie sehen viele Mitarbeiter kaum einen Nutzen. (1), (2)

Die Qualität der Qualität verschlechtert sich also in Deutschland, obwohl durchschnittlich zwei Prozent des Personals eines Unternehmens mit den Aufgaben des Qualitätsmanagements betraut sind. Auch die technischen Voraussetzungen waren nie besser: neben Tools zur automatischen Qualitätsprüfung jedes Fertigungsstückes werden auch kontinuierliche Messungen und Prüfungen entlang der gesamten Produktionsprozesskette durchgeführt. Fehlerhafte Teile werden sofort beseitigt oder nachgebessert. Moderne CAQ-Systeme (Computer Aided Quality) sammeln alle Mess- und Produktionsdaten, die dann für die Fehleranalyse, die Reklamationsbearbeitung oder aber für statistische Zwecke zur Verfügung stehen. (3)

Absolute Qualität kann nur entwickelt werden, wenn der Qualitätsgedanke über alle Stufen der Wertschöpfungskette mitgetragen und berücksichtigt wird. So müssen Qualitätsgrundsätze bereits bei der Produktentwicklung eine tragende Rolle einnehmen, Risiko- und Fehleranalysen durchgeführt, der optimale Produktionsprozess gefunden und dokumentiert werden. Der gesamte Materialfluss muss an die Qualitätsansprüche angepasst werden, Qualitätsprüfung und -kontrolle im kontinuierlichen Produktionsprozess verankert sein. Schließlich muss der Produktionsprozess selbst die effiziente, effektive und fehlerfreie Wertschöpfung garantieren. (2)

Das Management eines Unternehmens muss dem Qualitätsmanagement oberste Priorität einräumen und die Prinzipien vorleben, um breite Akzeptanz und Unterstützung von den Mitarbeitern zu erhalten. Es liegt also am Management jedes Fertigungsbetriebes, dem Qualitätsgedanken wieder die Wichtigkeit und Förderung zukommen zu lassen, die für das Überleben im globalen Wettbewerb dringend erforderlich ist. Denn mangelhafte Qualität bedeutet heutzutage allzu oft, dass der Kunde für lange Zeit verloren ist.

Verfahren des Qualitätsmanagements

QM-Techniken

Auf die **traditionellen Mess- und**

Kontrollverfahren soll hier nicht näher eingegangen werden, da die Anforderungen daran sehr stark vom jeweils herzustellenden Produkt und Produktionsverfahren abhängig sind. Die Bandbreite erstreckt sich hier von hochflexiblen Messsystemen, die der Einzelfertigung angepasste Prüfprogramme ermöglichen, bis zu Verfahren der statistischen Prozesskontrolle (SPC). (4)

Für das Projektmanagement mit vielen zu koordinierenden Unterprojekten wie beispielsweise einer Fahrzeug-Neuentwicklung leistet ein **Advanced Product Quality Planning System (APQP)** gute Dienste. Damit können Risiken oder drohende Verzögerungen proaktiv identifiziert und behoben werden, da die Projektsteuerung insgesamt transparenter und flexibler gestaltet wird. Durch stabile und transparente Entwicklungsprozesse erhält man wiederum stabile, effiziente und effektive Produktionsprozesse. (5)

In der Produktion und der Entwicklung gleichermaßen beliebt ist die **Fehlermöglichkeits- und -einflussanalyse (FMEA)** oder auch Failure Mode and Effects Analysis. Mit diesem Verfahren hat man ein Werkzeug zur Hand, mit dem sich mögliche Fehlerquellen bereits am Anfang einer Entwicklung identifizieren und eliminieren lassen. Drei Viertel der produzierenden Unternehmen setzen die FMEA bereits regelmäßig ein. (6), (2)

Als Hilfsmittel für das Qualitätsmanagement gibt es noch eine ganze Reihe anderer Verfahren. Als Beispiele seien hier nur genannt das **Quality Function Deployment (QFD)**, die **Conjoint-Analyse**, die **Fehlerbaumanalyse (FTA)**, sowie das **Poka Yoke Verfahren** für die Produktion. (2)

Zertifizierungen

Die Zertifizierung gemäß einer der zahlreichen, oft branchenbezogenen Qualitätsnormen ist mittlerweile zum Standard geworden. Ohne Zertifizierungs-Nachweis werden viele Unternehmen bei Ausschreibungen erst gar nicht mehr berücksichtigt. Vor allem Mitte der 90er Jahre entschlossen sich daher viele Betriebe zur Einführung eines QM-Systems mit anschließender Zertifizierung. Die von einer großen Mehrheit der Firmen als Basis angewandte Norm ist die DIN EN ISO 9000ff. aus dem Jahr 1987. (2)

Die Revision der **DIN EN ISO 9000ff** aus dem Jahr 2000 verlangt von den Unternehmen eine Umstellung hin zur Prozessorientierung. Erst etwa 15 Prozent der Unternehmen haben sich darauf eingelassen und ihr

QM-System entsprechend umgestellt. Dabei verhelfen gerade fehlerfreie Prozesse zu Kosteneinsparungen und zu Qualität in der Wertschöpfung. (2), (8)

Vor allem in der Automobilindustrie ist die Zertifizierung nach **VDA 6.1** gebräuchlich, deren Neufassung **VDA 6.4** als Schwerpunkt eine kontinuierliche Verbesserung der Produkt- und Prozessqualität verlangt. Dies gilt ebenso für die **QS 9000 TES**. (7)

Die zurzeit strengste und umfangreichste Norm für Qualitätsmanagement ist die **TS 16949**, die ebenfalls aus der Automobilindustrie kommt, aber auch im Maschinenbau und bei der Energieerzeugung angewandt wird. (2), (9)

Die Einführung eines Qualitätsmanagementsystems ist für die Zertifizierung unbedingte Voraussetzung. Sind die Qualitätspolitik und die Qualitätsziele formuliert, sollte als zweiter Schritt die Information, Motivation und Einbindung der Mitarbeiter erfolgen. Je früher die Mitarbeiter in den Qualitätsmanagementprozess involviert werden, desto eher ist gewährleistet, dass Ablehnung, Desinteresse oder sogar Blockade vermieden werden können. Nach der Erstellung einer Ist-Analyse und eines Qualitätshandbuches folgen interne Audits, die

die Voraussetzung für die Zertifizierung darstellen. Für Bereiche, die im Audit als verbesserungswürdig erkannt wurden, wird ein Maßnahmenkatalog erarbeitet. In jährlichen Management-Reviews wird überprüft, ob diese Maßnahmen greifen, die Qualitätsziele erreicht wurden oder gegebenenfalls neue Ziele definiert werden müssen. (10)

Qualitätssiegel für Lebensmittel

Als geradezu "lebenswichtig" können sich Qualitätsmanagementmethoden bei der Lebensmittelproduktion erweisen. Der BSE-Skandal hat umgehend zu einer verschärften Gesetzgebung geführt, die vermehrte Kontrollen und eine lückenlose Dokumentation der gesamten Fleischproduktion verlangt. Zur Rückgewinnung des Verbraucher-Vertrauens haben die Fleischproduzenten das Qualitätssiegel Fleisch implementiert, das dem Verbraucher garantiert, dass das gekaufte Fleisch höchsten Qualitätsansprüchen genügt. (11)

Basis für das Qualitätssiegel ist ein Qualitätsmanagementsystem für die Fleischproduktion. Ein ähnliches System wird nach Nitrofen- und Acrylamid-Skandalen jetzt auch für die Produktion von Getreide gefordert. Das

Qualitätssiegel-Konzept für Fleisch ließe sich ziemlich einfach auf Getreide, Brot und Backwaren übertragen. (11)

Qualitätsmanagement-Modelle

Das **Total Quality Management (TQM)** Modell beinhaltet die umfassende, ganzheitliche Qualitätssicherung über alle Wertschöpfungsstufen. TQM fordert die systematische und kontinuierliche Verbesserung der Prozesse und Abläufe sowie die Anpassung an die Wünsche und Forderungen der Kunden. Die Elemente des TQM sind neben der Kunden- und Prozessorientierung die Null-Fehler-Zielsetzung, das Prinzip der ungeteilten Qualitätsverantwortung, die Vernetzung aller Prozesse, die stetige Verbesserung, sowie die Zuständigkeit der Unternehmensführung und des Managements für die Initiative und die Umsetzung von TQM. Viele der deutschen Qualitätsnormen sind aus Elementen des TQM entstanden. Das europäische EFQM-Excellence-Modell versteht sich als europäische Version des TQM, das japanische Kaizen hat das TQM ebenfalls zur Grundlage. In Amerika entstand die Six-Sigma-Methode, in Deutschland wird als Element daraus der Prozess der kontinuierlichen Verbesserung abgeleitet. (12)

Doch wie immer sich das Modell auch nennt: jedes Unternehmen wird basierend auf seinen speziellen Gegebenheiten ein auf seine Bedürfnisse zugeschnittenes Qualitätsmodell umsetzen. Was sollte schon dagegen sprechen, aus den verschiedenen Modellen jeweils das Beste herauszuziehen und zu kombinieren. Es muss aber berücksichtigt werden, dass der Fokus auf die Elemente Kundenorientierung, Prozessorientierung und Mitarbeiterorientierung den meisten Erfolg, auch in Bezug auf wirtschaftliche Ergebnisse, verspricht. (1)

Selbst- oder Fremdkontrolle?

Der Trend in der Produktion geht eindeutig zur Selbstkontrolle und Selbstprüfung. Der Arbeiter am Fließband prüft das von ihm montierte Teil selbst, anstelle eines ausgebildeten Qualitätsingenieurs. Zu einem großen Teil funktioniert diese Selbstprüfung gut, aber es bleibt immer das Problem der eigenen Einschätzung. Zur Selbstkontrolle sollte deshalb immer ein System der Fremdkontrollen und -prüfungen kommen. Denn objektive Audits durch eine andere Person sind konstruktiv, hilfreich und notwendig, um zur möglichst absoluten Fehlerfreiheit zu gelangen. (16)

Computer Aided Quality (CAQ) Technologie - Hilfsmittel zur Qualität

Denkbar und möglich wurden die umfassenden Qualitätsmanagementsysteme und -projekte erst durch den Stand der modernen IT-Technik. Längst gehört die computerbasierte, automatische Sammlung und Auswertung von Kontroll- und Prüfdaten zum Alltag einer Qualitätssicherung.

Woran es oft noch mangelt, ist die Verknüpfung der unterschiedlichen Mess- und Prüftechnik und der damit verbundenen Standardisierung von Mess- und Prüfdaten. Unmissverständliche Prüfanweisungen für die Arbeiter an der Fertigungslinie sind notwendig, damit die Qualitätssicherung erfolgreich in den Produktionsprozess eingegliedert werden kann. (3)

Heutige Softwareentwicklungen der Computer Aided Quality (CAQ) helfen bei der Lösung dieser Probleme. Es gibt Programme, welche die Daten verschiedener Mess- und Prüftechnik sammeln und "übersetzen" können; die automatische Anzeige des notwendigen Prüfverfahrens sowie der gewünschten Ergebnisse direkt am Arbeitsplatz kann über ein MES (Manufacturing Execution System) erfolgen. Die automatische Auswertung von Prüfdaten entscheidet über die Produktfreigabe oder die Sperrung einer Produktionscharge. Manche Programme veranlassen automatisch den Arbeitsauftrag zur Nachbearbeitung, wenn Messtoleranzen überschritten werden. (3), (13), (14)

Fallbeispiele

Audi hat es verstanden, das gesamte Produktionssystem auf die Anforderungen der DIN EN ISO 9000:2000, der VDA 6.1 sowie auf das EFQM-Modell abzustimmen. Das Audi-Produktionssystem (APS) verknüpft die unterschiedlichen Konzepte und stellt den Mitarbeiter in den Mittelpunkt. Gruppenarbeit, standardisierte Prozesse sowie ein kontinuierlicher Verbesserungsprozess sind darin ebenso enthalten wie Selbstauditierung und Audits durch die Führungskräfte. (15)

Die Stuttgarter Porsche AG setzt u. a. die FMEA zur präventiven Qualitätssicherung ein. Der Qualitätsmanagementprozess bei Porsche umfasst alle Kernprozesse des Unternehmens. Der ausgeprägte Fehlermanagementprozess wird von der mySAP-PLM-Anwendung technisch unterstützt. (6)

Die Deutsche Bahn setzt auf Six Sigma und den kontinuierlichen Verbesserungsprozess um zu einer verbesserten Qualität für ihre Dienstleistungen zu gelangen. Das Ziel der Bahn ist ein funktionierendes Total Quality Management über die gesamte Prozesskette hinweg. (12)

Das CAQ-System QDA der ddw Computersysteme GmbH bietet durch ein optimales Schnittstellenmanagement eine automatisierte Transformierung der unterschiedlichen QM-Daten in ein einheitliches Datenformat. Diese Daten werden in eine Datenbank aufgenommen, die bei Qualitätsproblemen mit Problembeschreibung, Ursachenbeschreibung und abstellenden Maßnahmen ergänzt und so zu einer umfangreichen "Wissensdatenbank" ausgebaut werden kann. (3)

Bücher können anschaulich erläutern, wie Qualitätsmanagement in der Industrie funktioniert. Dort werden Werkzeuge der Qualitätssicherung wie QFD, FTA und FMEA vorgestellt und auch auf Zertifizierungsvorschriften nach ISO 9000 wird teilweise eingegangen. (17)

Die Fachdatenbank "Qualitätsmanagement" der UB Media AG gibt Informationen über QM-Systeme, über Neuerungen der Zertifizierungsverfahren sowie zur FMEA. Die Datenbank bietet auch entsprechende Schulungsunterlagen. (18)

Weiterführende Literatur

(1) Verzerrte Sicht in deutschen Führungsetagen
aus QZ - Qualität und Zuverlässigkeit, Heft 3/2003, S. 202-207

(2) Wettstreit der Systeme - Studie: QM ist in der produzierenden Industrie hoffähig geworden
aus QZ - Qualität und Zuverlässigkeit, Heft 1/2003, S. 31-35

(3) Mihelic, Marian, QM-Schnittstellenmanagement - Schlüssel zur Prozessoptimierung, Quality Engineering, Heft 3, 2003, S. 16
aus QZ - Qualität und Zuverlässigkeit, Heft 1/2003, S. 31-35

(4) Abgefahren - Inline-Messtechnik im Omnibus-Rohbau
aus QZ - Qualität und Zuverlässigkeit, Heft 2/2003, S. 138-140

(5) Komfortabel planen - sicher sitzen - APQP: Straffes Projektmanagement mit Lieferanten

aus QZ - Qualität und Zuverlässigkeit, Heft 3/2003, S. 214-216

(6) Sportsgeist im Fehlermanagement - WorkFlow-Unterstützung bei der Fehlervermeidung mit Product Lifecycle Management
aus QZ - Qualität und Zuverlässigkeit, Heft 3/2003, S. 222-224

(7) Automotive Forderungen - Umsetzungskonzeption Für Werkzeughersteller
aus QZ - Qualität und Zuverlässigkeit, Heft 1/2003, S. 29-30

(8) Hector, Bernhard, "Qualität heisst nicht, teuer zu produzieren" - Kooperation CargoLine liess Produkte zertifizieren, DVZ, Nr. 010, 23.01.2003
aus QZ - Qualität und Zuverlässigkeit, Heft 1/2003, S. 29-30

(9) Entwicklungskompetenz statt Normteil - Maßgeschneiderte Schrauben für Windkraftanlagen sind extremen Belastungen ausgesetzt
aus ke - konstruktion + engineering, Heft 3/2003, S. 22

(10) Drinkewitz-Latschenberger, Marianne, Qualitätsmanagement - ein weites Feld! Teil 7: Einführung eines Qualitätsmanagementsystems, MTA, Heft 04, 2003
aus ke - konstruktion + engineering, Heft 3/2003, S. 22

(11) Landwirte wollen Getreide nicht länger billig

verscherbeln
aus Ernährungsdienst 10 vom 05.02.2003 Seite 003

(12) Leistungsversprechen einhalten - Mit Six Sigma und KVP Kundenerwartungen erfüllen
aus QZ - Qualität und Zuverlässigkeit, Heft 2/2003, S. 118-121

(13) Hoffmann, Sascha, LIMS in der Metallverarbeitung - So flexibel wie möglich, so geregelt wie nötig, Labo, Heft 02, 2003
aus QZ - Qualität und Zuverlässigkeit, Heft 2/2003, S. 118-121

(14) Drechsel, T., Qualitätssteigerung durch MES - Prozesstransparenz, Quality Engineering, Heft 2, 2003, S. 18
aus QZ - Qualität und Zuverlässigkeit, Heft 2/2003, S. 118-121

(15) Neun Elemente für bessere Prozesse - Produktionssystem verbindet Normenforderungen und TQM
aus QZ - Qualität und Zuverlässigkeit, Heft 4/2003, S. 287-290

(16) Selbstprüfung, Selbstkontrolle, Selbstbewertung?
aus QZ - Qualität und Zuverlässigkeit, Heft 1/2003, S. 6-7

(17) Qualitätsmanagement für Ingenieure, Quality Engineering, Heft 3, 2003, S. 54

aus QZ - Qualität und Zuverlässigkeit, Heft 1/2003, S. 6-7

(18) Mit Schulungsunterlagen zur FMEA, Quality Engineering, Heft 2, 2003, S. 21
aus QZ - Qualität und Zuverlässigkeit, Heft 1/2003, S. 6-7

Impressum

Das neue Qualitätsmanagement in der Entwicklung und Produktion

Bibliografische Information der deutschen Nationalbibliothek

Die Deutsche Nationalbibliothek verzeichnet diese Publikation in der deutschen Nationalbibliografie; detaillierte bibliografische Daten sind im Internet über http://dnb.d-nb.de abrufbar.

ISBN: 978-3-7379-1022-4

© 2015 GBI-Genios Deutsche Wirtschaftsdatenbank GmbH, Freischützstraße 96, 81927 München, www.genios.de

Alle Rechte vorbehalten. Dieses Werk ist einschließlich aller seiner Teile – z.B. Texte, Tabellen und Grafiken - urheberrechtlich geschützt. Jede Verwertung außerhalb der Grenzen des Urheberrechtsgesetzes bedarf der vorherigen Zustimmung des Verlags. Dies gilt insbesondere auch für auszugsweise Nachdrucke, fotomechanische Vervielfältigungen (Fotokopie/Mikroskopie), Übersetzungen, Auswertungen durch Datenbanken oder ähnliche Einrichtungen und die Einspeicherung und Verarbeitung in elektronischen Systemen.